AF195031

Impressum
Verlag: BABADADA GmbH, Nedderfeld 112 , 22529 Hamburg
Geschäftsführer / Verlagsleitung: Harald Hof
Druck: Books on Demand GmbH, In de Tarpen 42, 22848 Norderstedt

Imprint
Publisher: BABADADA GmbH, Nedderfeld 112 , 22529 Hamburg, Germany
Managing Director / Publishing direction: Harald Hof
Print: Books on Demand GmbH, In de Tarpen 42, 22848 Norderstedt

dibistan
school

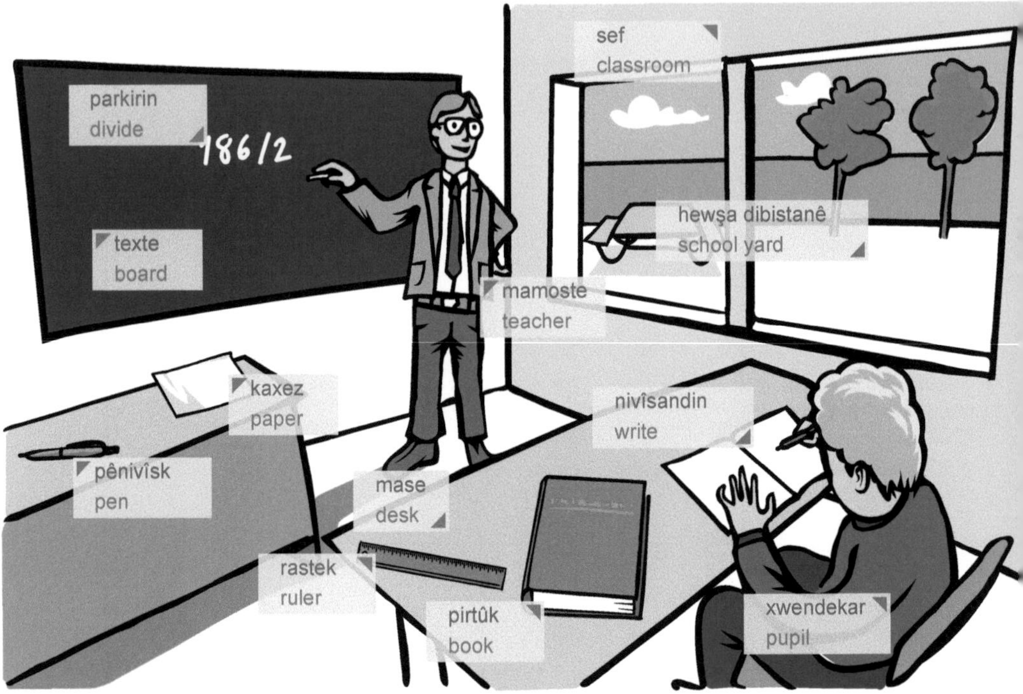

sef
classroom
parkirin
divide
186/2
texte
board
hewşa dibistanê
school yard
mamoste
teacher
kaxez
paper
nivîsandin
write
pênivîsk
pen
mase
desk
rastek
ruler
pirtûk
book
xwendekar
pupil

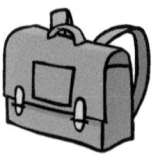

çewal

satchel

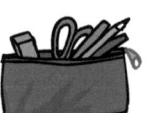

qûtî nivîstok

pencil case

qelemrisas

pencil

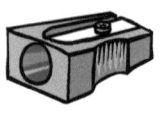

nivîstok tûjkir

pencil sharpener

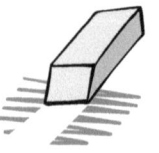

jêbir

rubber

nivîska nîgarê

drawing pad

nîgar

drawing

firçeya rengê

paintbrush

qûtî reng

paint box

meqes

scissors

lezaq

glue

pirtûka fêrbûn

exercise book

wezîfa malê

homework

hejmar

number

zêdekirin

add

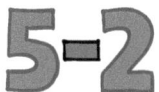

derxistin

subtract

zêdekirin

multiply

hesibandin

calculate

tîp

letter

alfabe

alphabet

peyv

word

nivîsê

text

xwandin

read

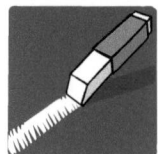

geç

chalk

ders

lesson

qeydkirin

register

îmtîhan

examination

şehade

certificate

kinca dibistanê

school uniform

perwerdehî

education

zanistname

encyclopedia

zanîngeh

university

mîkroskûp

microscope

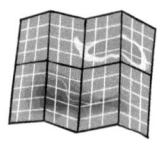

xerîte

map

sepeta kaxezê

waste-paper basket

rêwêtî

travel

mêvanxane
hotel
Grand
mêvanxane
hostel
ROOMS
EXCHANGE
ofîsa pere veguhartinê
currency exchange office
cente
suitcase
maşîn
car

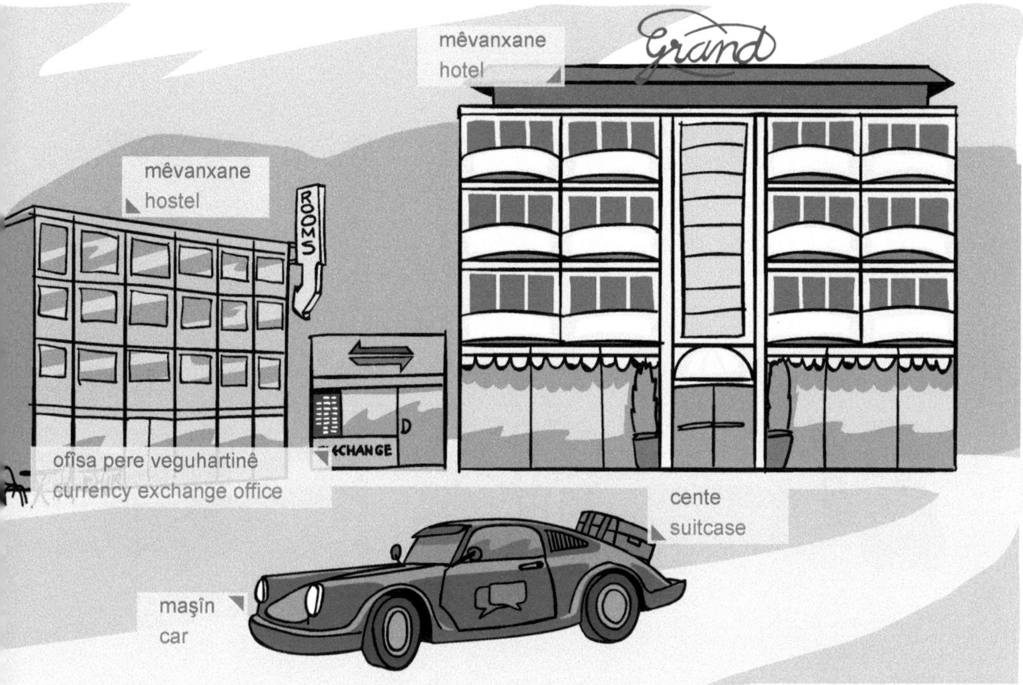

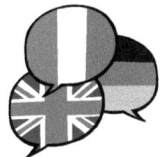

ziman
....
language

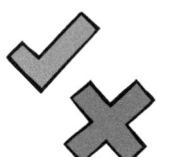

belê / na
....
yes / no

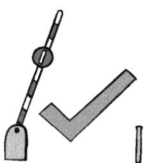

baş
....
Okay

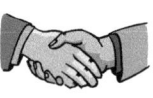

silav
....
hello

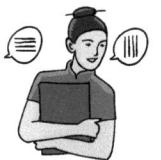

wergêra nivîskî
....
translator

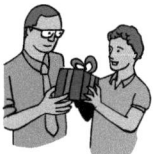

sipas
....
Thank you

bihayê ... çi qase?

how much is...?

ez fam nakim

I don´t get it

pirsgirêk

problem

êvarbaş!

Good evening!

beyanî baş!

Good morning!

şev baş!

Good night!

xatirê te

goodbye

alî

direction

hûrmûr

luggage

çente

bag

çente pişt

backpack

mêvan

guest

ode

room

came xew

sleeping bag

çadir

tent

agagiyên gerokan

tourist information

rexê avê

beach

kartê qerzê

credit card

taştê

breakfast

firavîn

lunch

şîv

dinner

kart

Ticket

asansor

elevator

pûl

stamp

tixûb

border

gumirk

customs

balyozxane

embassy

vîza

visa

pasaport

passport

guhaztin
transport

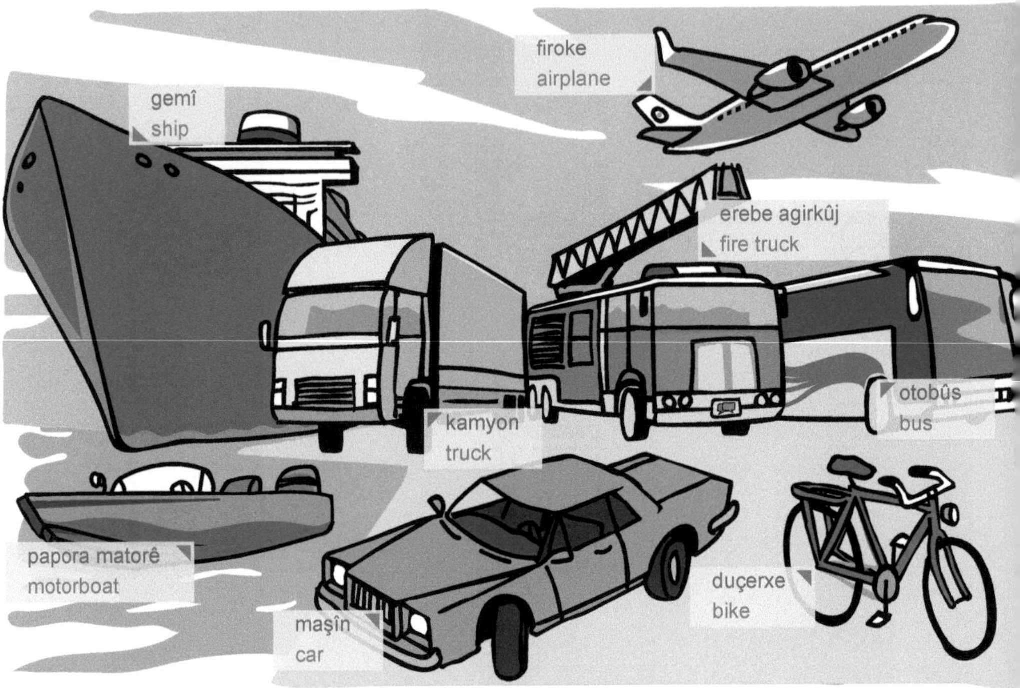
firoke
airplane
gemî
ship
erebe agirkûj
fire truck
otobûs
bus
kamyon
truck
papora matorê
motorboat
duçerxe
bike
maşîn
car

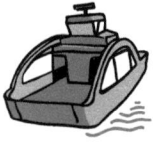

papor

ferry

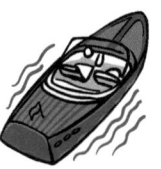

papor

boat

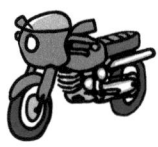

motorsîklêt

motorbike

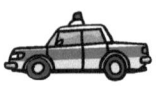

trimbêla polîsê

police car

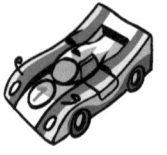

trimbêla pêşbaziyê

racing car

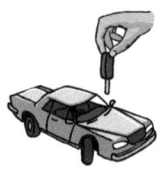

erebe kirêkirinê

rental car

maşîn pervekirin

car sharing

kamyona kişandinê

tow truck

kamyona xwelî

garbage truck

motorsîklêt

engine

mazot

fuel

îstegeha benzînê

fuel station

tabloya tirafîkê

traffic sign

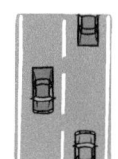

hatinûçûn

traffic

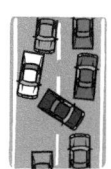

tirafîk

traffic jam

cihê parkê

parking lot

rawesteka trênê

train station

rêç

tracks

trên

train

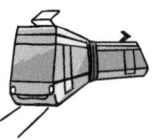

trênê kolanê

tram

erebe

wagon

babirok

helicopter

balafirgeh

airport

birc

tower

misafir

passenger

qûtî

container

qûtî

carton

girgirok

cart

selik

basket

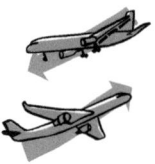

rabûn / nîştin

take off / land

bajar
city

gund

village

navenda bajarê

city center

xanî

house

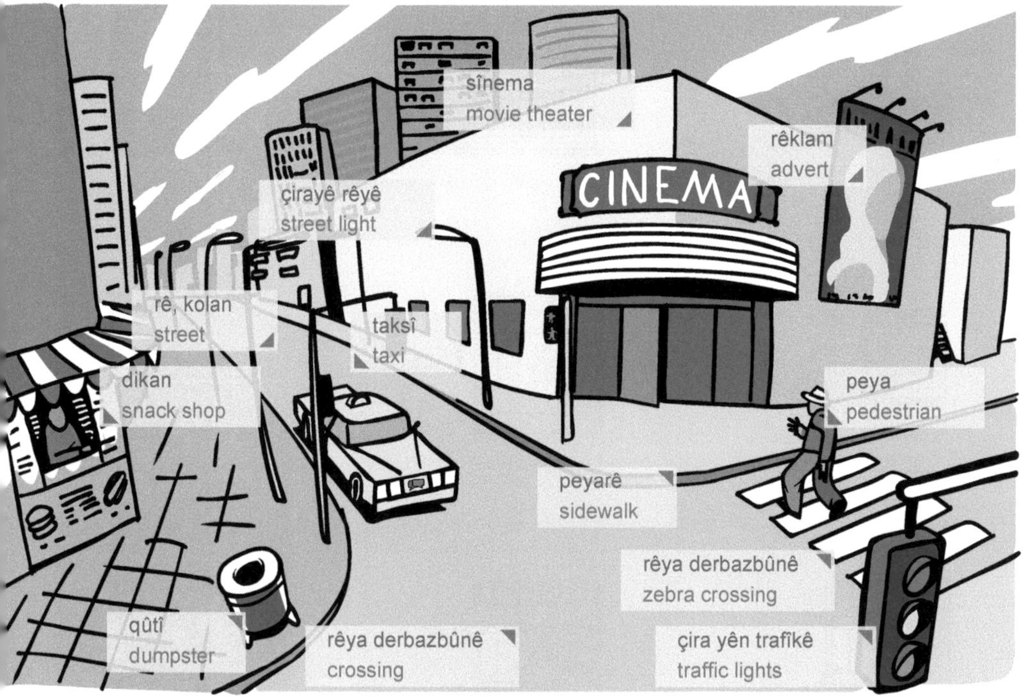

sînema
movie theater

rêklam
advert

çirayê rêyê
street light

rê, kolan
street

taksî
taxi

dikan
snack shop

peya
pedestrian

peyarê
sidewalk

rêya derbazbûnê
zebra crossing

qûtî
dumpster

rêya derbazbûnê
crossing

çira yên trafîkê
traffic lights

kox
....
hut

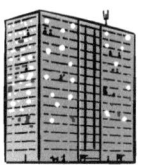

xanî
....
apartment

rawesteka trênê
....
train station

telara şarevanî
....
city hall

mûzexane
....
museum

dibistan
....
school

bajar - city

11

zanîngeh
university

bank
bank

nexweşxane
hospital

mêvanxane
hotel

dermanxane
pharmacy

ofîs
office

kitêbfiroşî
book shop

dikan
shop

gulfiroş
flower shop

bazar
supermarket

bazar
market

supermarket
department store

masîfiroş
fishmonger's shop

navenda kirrîn
mall

bender
harbor

park
park

sekû
bench

pir
bridge

derince
stairs

jêr erdê
subway

tunnel
tunnel

îstgeha otobûs
bus stop

bar
bar

xwaringeh
restaurant

sindûqa postê
postbox

nîşanderka rêyê
street sign

metra parkîngê
parking meter

baxça heywanan
zoo

hewza melevanî
swimming pool

mizgeft
mosque

cotgeh

farm

lewitandina derdor

pollution

goristan

cemetery

kenîse

church

erdê leyistinê

playground

perestgeh

temple

tebîet

landscape

gela
leaf

nîşanderka rê
signpost

rê
path

mêrg
meadow

kevir
stone

dar
tree

gerok
hiker

çem
river

giya
grass

kulîlk
flower

dol
valley

gir
hill

gol
lake

daristan
forest

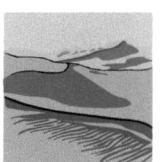

beyaban
desert

volkan
volcano

keleh
castle

keskesor
rainbow

kivark
mushroom

darqesp
palm tree

mixmixk
mosquito

mêş
fly

mêrî
ant

hing
bee

pîrê
spider

kêzik

beetle

beq

frog

sihor

squirrel

jîjok

hedgehog

kerguh

hare

pepûk

owl

çivîk

bird

qû

swan

berazê kovî

boar

pezkovî

deer

pezkovî

moose

bendav

dam

tûrbîna ba

wind turbine

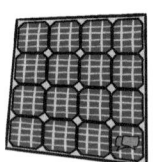

panela xorê

solar panel

av û hewa

climate

xwaringeh
restaurant

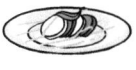

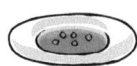

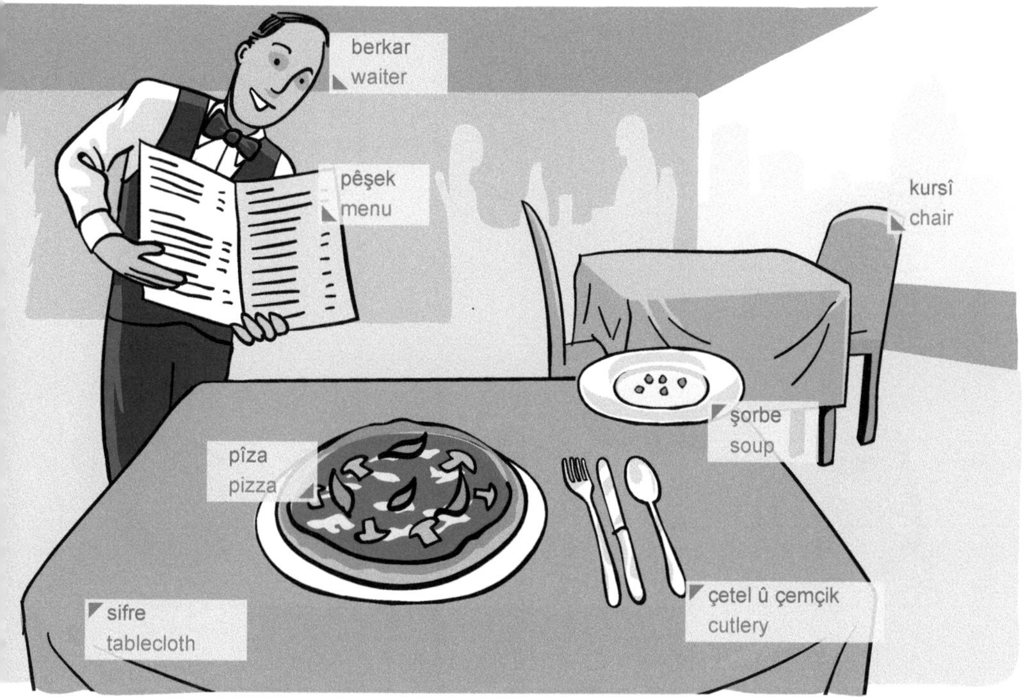

berkar
waiter
pêşek
menu
kursî
chair
şorbe
soup
pîza
pizza
sifre
tablecloth
çetel û çemçik
cutlery

xwarina destpêk
starter

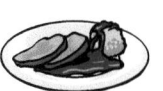

xwarina serekî
main course

şêranî
dessert

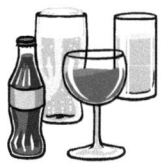

vexwarinan
drinks

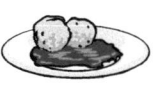

xwarin
food

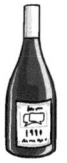

cam
bottle

xwarina lez

fast food

xwarina rêyê

street food

çaydanik

teapot

qûtî şekirê

sugar bowl

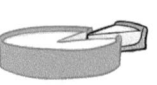

beş

portion

mekîna çêkirinê espresso

espresso machine

kursiya bilînd

high chair

hesab

bill

sênî

tray

kêr

knife

çetel

fork

kevçî

spoon

kevçiya çay

teaspoon

pêşgir

serviette

qedeh

glass

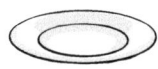

teyfik

plate

teyfika şorbe

soup plate

piyale

saucer

çênc

sauce

xwêdank

salt shaker

qûtî bîbar

pepper mill

sêk

vinegar

rûn

oil

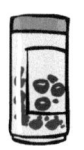

biharat

spices

ketçap

ketchup

mustard

mustard

mayonêz

mayonnaise

bazar
supermarket

pêşkêşên taybet
special offer
FOR
mişterî
customer
şîremenî
dairy products
erebe
shopping cart
fêkî
fruit

BUTCHERS

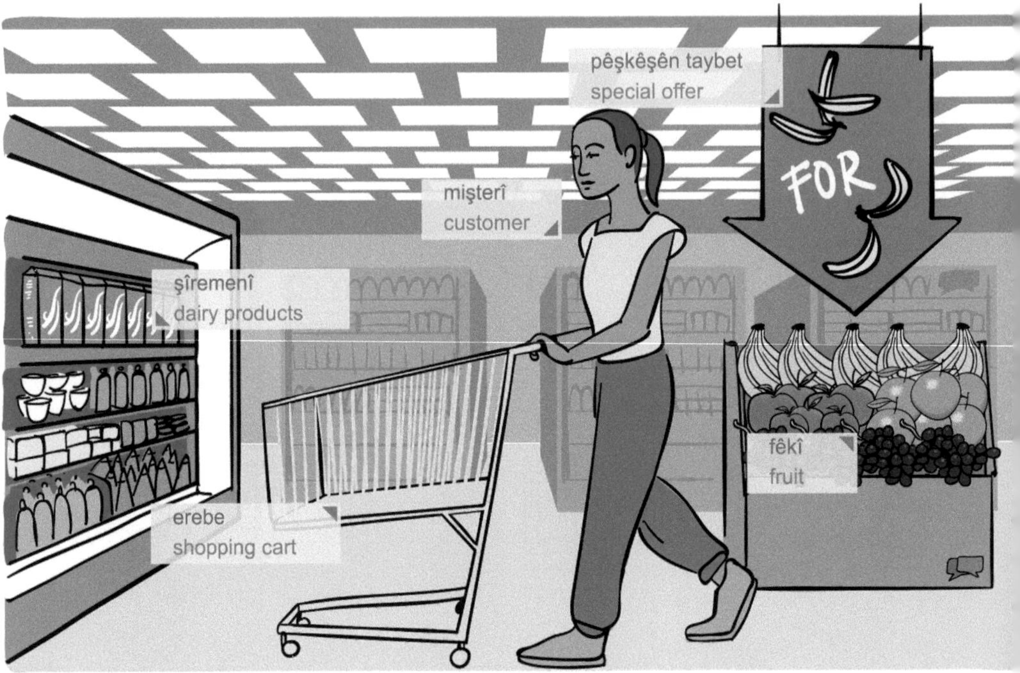

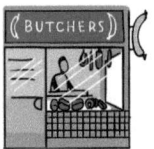

qesabî

butcher's shop

BAKERY

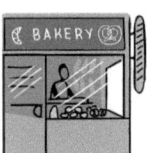

dikana nanpêj

bakery

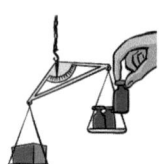

wezin kirin

weigh

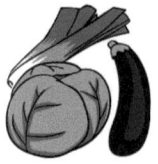

sebze

vegetables

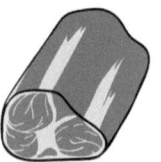

goşt

meat

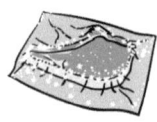

xwarinê cemedî

frozen food

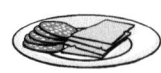

goştê sar

cold cuts

xwarina pîlê

canned food

xubarê paqijkirinê

detergent

şirînî

candy

berhemên navxweyî

household products

berhemên paqijkirinê

cleaning products

firoşyar

sales representative

xeznok

cash register

diravgir

cashier

lîsta kirrînê

shopping list

demên vekirî

opening hours

cizdan

wallet

kartê qerzê

credit card

çewal

bag

çente

plastic bag

av

water

şerbet

juice

şîr

milk

komir

coke

şerab

wine

bîra

beer

alkol

alcohol

kakwo

cocoa

çay

tea

qehwe

coffee

espresso

espresso

kapoçîno

cappuccino

moz

banana

sêv

apple

pirteqalî

orange

gundor

melon

lîmon

lemon

gêzer

carrot

sîr

garlic

qamir

bamboo

pîvaz

onion

qarçik

mushroom

gewîz

nuts

şihîre

noodles

spagêttî

spaghetti

birinc

rice

selete

salad

çîps

fries

peteteya biraştî

fried potatoes

pîza

pizza

hamburger

hamburger

nanok

sandwich

goştê stûyê berxî

escalope

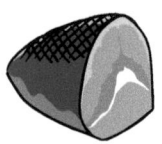

goştê hişkkirî

ham

salamê

salami

sosîs

sausage

mirîşk

chicken

bijartin

roast

masî

fish

şorbe bilûl
porridge oats

mûslî
muesli

kertên gilgilan
cornflakes

ard
flour

croissant
croissant

semûn
bread roll

nan
bread

tost
toast

nanik
cookies

nivîşk
butter

mast
curd

kulîçe
cake

hêk
egg

hêka qelandî
fried egg

penîr
cheese

dondirme

ice cream

şekir

sugar

hingiv

honey

mireba

jelly

xameya nougat

nougat cream

kurrî

curry

cotgeh
farm

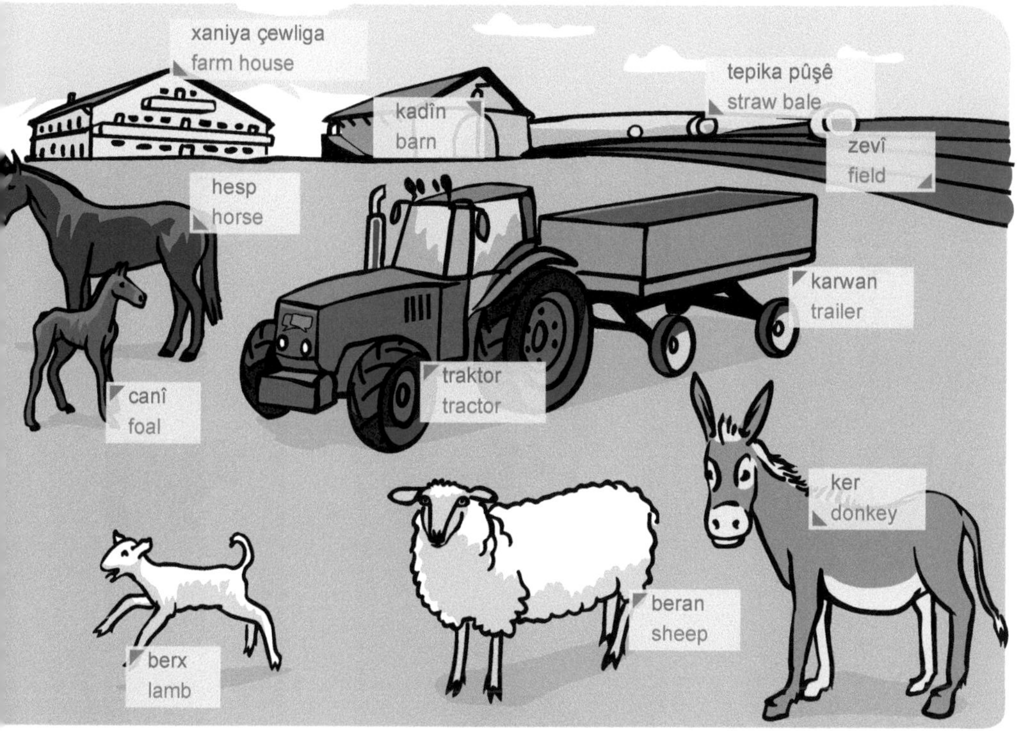

xaniya çewliga
farm house
tepika pûşê
straw bale
kadîn
barn
zevî
field
hesp
horse
karwan
trailer
traktor
tractor
canî
foal
ker
donkey
beran
sheep
berx
lamb

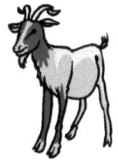

bizin

goat

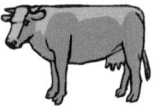

çêlek

cow

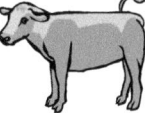

golik

calf

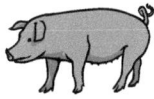

beraz

pig

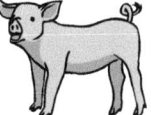

xinzîrk

piglet

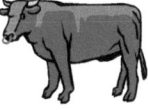

boxe

bull

qaz

goose

miravî

duck

cûçik

chick

mirîşk

hen

keleşêr

cockerel

circ

rat

kitik

cat

mişk

mouse

ga

ox

kûçik

dog

xaniya kûçikê

dog house

xanî baxê

garden hose

qûtîka avdanê

watering can

şalûk

scythe

gasin

plow

das
....
sickle

merbêr
....
hoe

darsapik
....
pitchfork

bivir
....
axe

destgere
....
pushcart

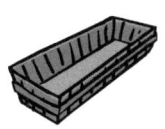

qûtî xwarina candaran
....
trough

qûtî şîr
....
milk can

tûr
....
sack

çeper
....
fence

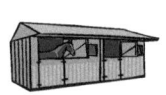

axur
....
stable

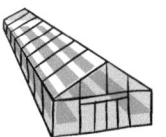

xana kulîlkan
....
greenhouse

ax
....
soil

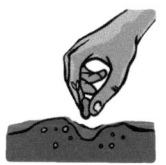

dendik
....
seed

peyn
....
fertilizer

kombayn
....
combine harvester

zad

harvest

zad

harvest

petete

yams

genim

wheat

fasolî

soya

petete

potato

dexl

corn

dindik

rapeseed

darê fêkî

fruit tree

sêvê bin erdê

manioc

zad

grain

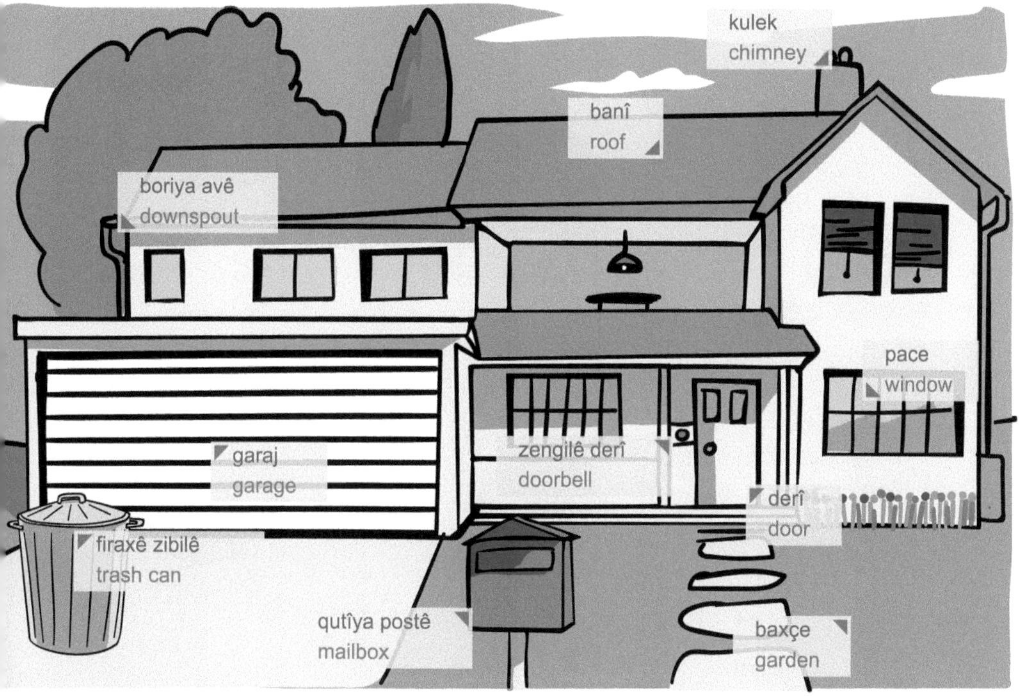

kulek
chimney

banî
roof

boriya avê
downspout

pace
window

garaj
garage

zengilê derî
doorbell

derî
door

firaxê zibilê
trash can

qutîya postê
mailbox

baxçe
garden

oda rûniştinê

living room

hemam

bathroom

metbex

kitchen

oda xewê

bedroom

odeya zarok

kids room

oda şîvê

dining room

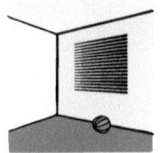

binî

floor

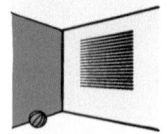

dîwar

wall

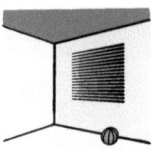

berban

ceiling

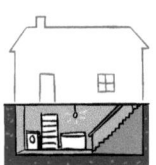

xenzik

cellar

sauna

sauna

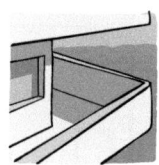

balkon

balcony

berdanik

terrace

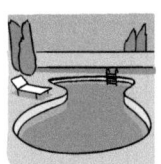

hewza melevanî

pool

çîmen birr

lawn mower

melhefe

sheet

betanî

bedspread

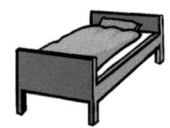

nivîn

bed

gezik

broom

satil

bucket

kilîl

switch

oda rûniştinê
living room

kaxezê dîwar
wallpaper
wêne
picture
lampa
lamp
ref
shelf
dolab
cabinet
telefîsiyon
television
agirdan
fireplace
kulîlk
flower
serîn
cushion
qenepe
sofa
guldank
vase
kontrola dûr
remote control

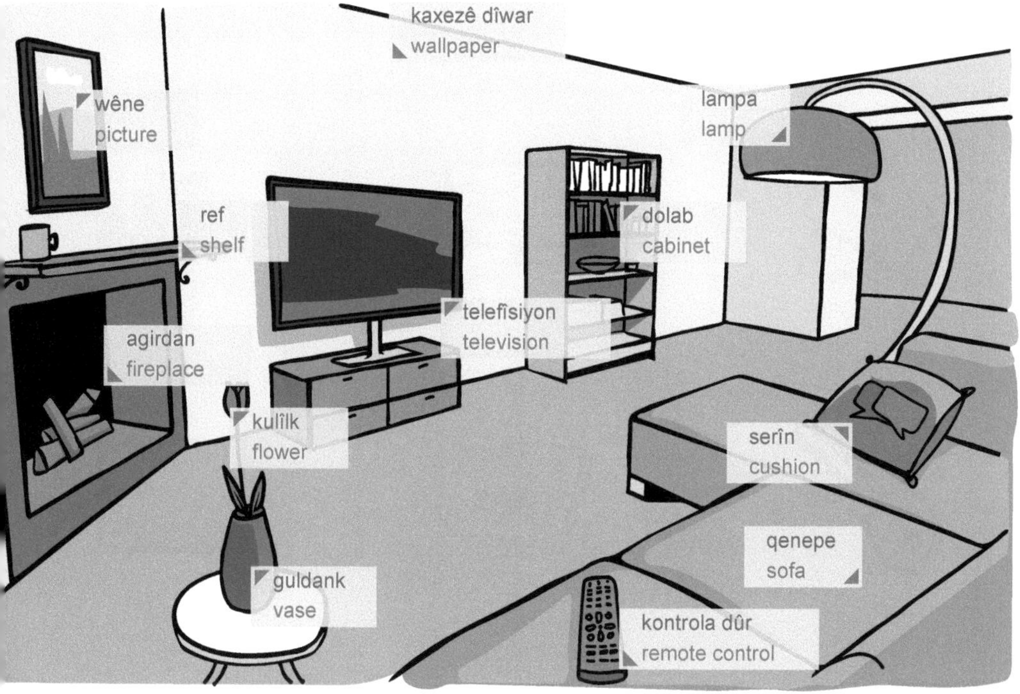

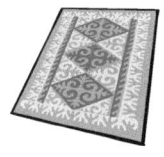

xalîçe

carpet

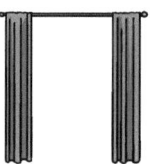

perde

drape

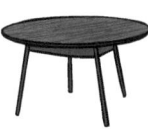

mêz

table

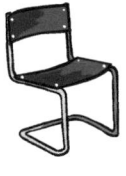

kursî

chair

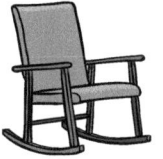

kursiya hejanok

rocking chair

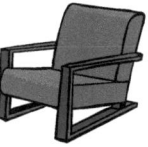

kursî

armchair

pirtûk

book

betanî

blanket

xemilandin

decoration

êzing

firewood

fîlm

film

hi-fi

stereo system

kilîl

key

rojname

newspaper

nîgar

painting

poster

poster

radyo

radio

defter

notebook

sivnika elektrîkî

vacuum cleaner

kaktûs

cactus

mom

candle

metbex
kitchen

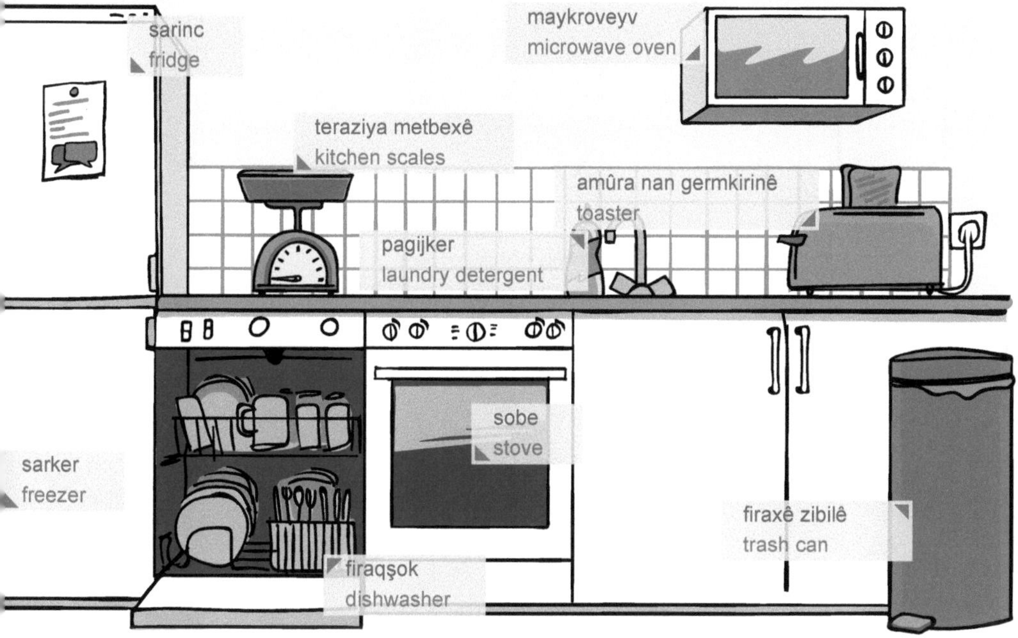
sarinc
fridge
maykroveyv
microwave oven
teraziya metbexê
kitchen scales
amûra nan germkirinê
toaster
pagijker
laundry detergent
sobe
stove
sarker
freezer
firaxê zibilê
trash can
firaqşok
dishwasher

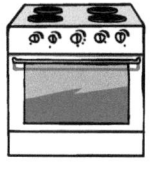

sobe

cooker

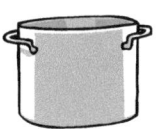

aman

pot

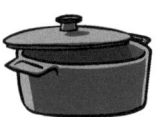

amaê ûtû

cast-iron pot

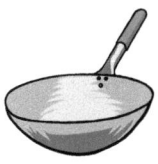

firaqê mezin

wok / kadai

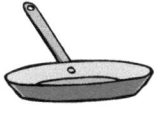

dîzik

pan

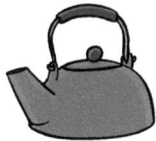

kelînk

kettle

firaqê hilmê

steamer

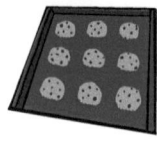

sênî nanê

baking tray

firaq

crockery

piyale

mug

kasik

bowl

darê nanxwarin

chopsticks

hesk

ladle

kevçiya mezin

spatula

rînek

whisk

kefgîr

strainer

bêjing

sieve

rêşker

grater

destar

mortar

biraştin

barbecue

agirê vala

fireplace

texteya birrînê

chopping board

darikê tîrê

rolling pin

devik badek

corkscrew

qûtî

can

qûtîvekir

can opener

cawê amanan

oven cloth

destşo

sink

firçe

brush

parazoa

sponge

tevdêr

blender

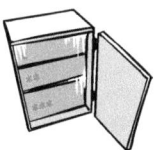

sarkerê cemedî

deep freezer

şûşe bebikan

baby bottle

henefî

tap

hemam

bathroom

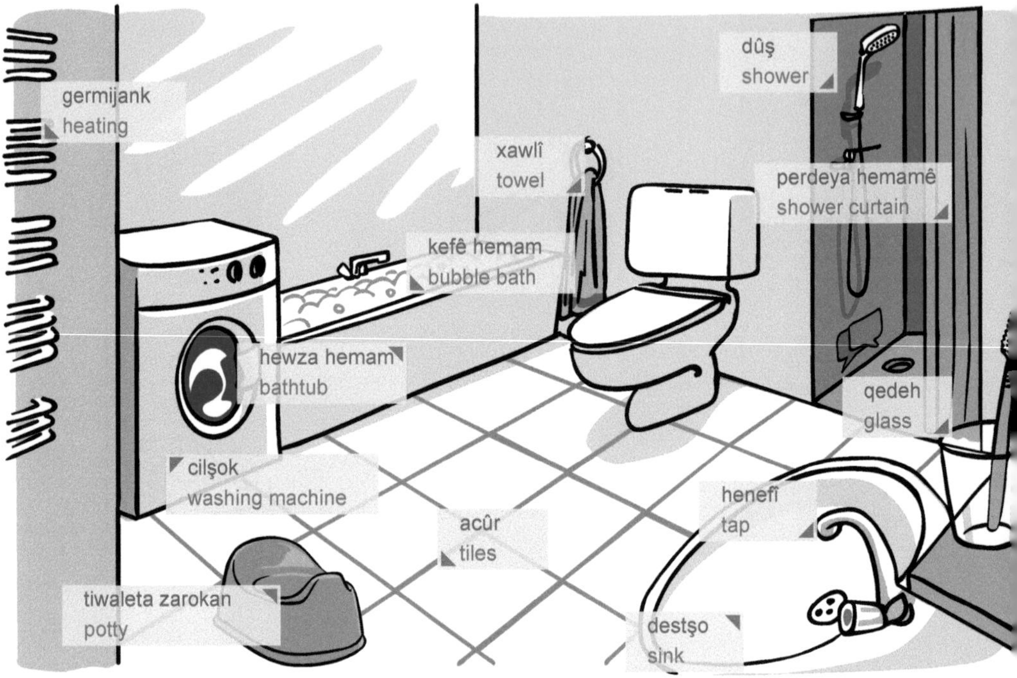

dûş
shower
germijank
heating
xawlî
towel
perdeya hemamê
shower curtain
kefê hemam
bubble bath
hewza hemam
bathtub
qedeh
glass
cilşok
washing machine
henefî
tap
acûr
tiles
tiwaleta zarokan
potty
destşo
sink

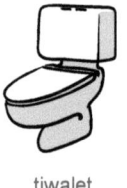

tiwalet
....
toilet

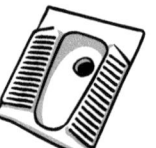

tiwaleta erdê
....
squat toilet

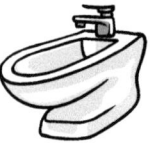

tiwalet
....
bidet

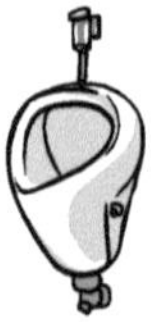

avdestxana mêran
....
urinal

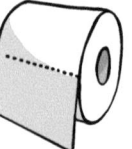

kaxeza tiwalet
....
toilet paper

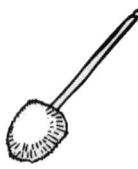

firşeya tiwalet
....
toilet brush

firçeya diran

toothbrush

mecûna diran

toothpaste

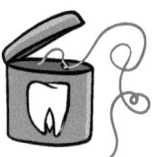

nexa didan

dental floss

şûştin

wash

dûşê destê

hand shower

dûş

douche

destşo

basin

firça pişt

back brush

sabûn

soap

cêlê hemam

shower gel

şampo

shampoo

fanîle

flannel

zêrab

drain

kirêm

creme

bêhn xweşkir

deodorant

mirêk

mirror

mirêka destê

hand mirror

gûzan

razor

kefê teraşînê

shaving foam

mecûna piştî teraşînê

aftershave

şeh

comb

firçe

brush

por hîşikkir

hair-dryer

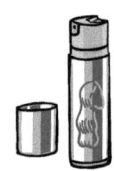

sipraya porê

hairspray

kozmetîk

makeup

soravk

lipstick

rengê nînok

nail varnish

pembû

cotton wool

meqesta nînok

nail scissors

parfûm

perfume

çewalê hemamê

washbag

kursiya bêpişt

stool

terazî

weighing scales

kinca hemamê

bathrobe

lepika lastîkê

rubber gloves

tampon

tampon

xawliya paqijkirinê

sanitary towel

tiwaleta kîmîyewî

chemical toilet

odeya zarok
kids room

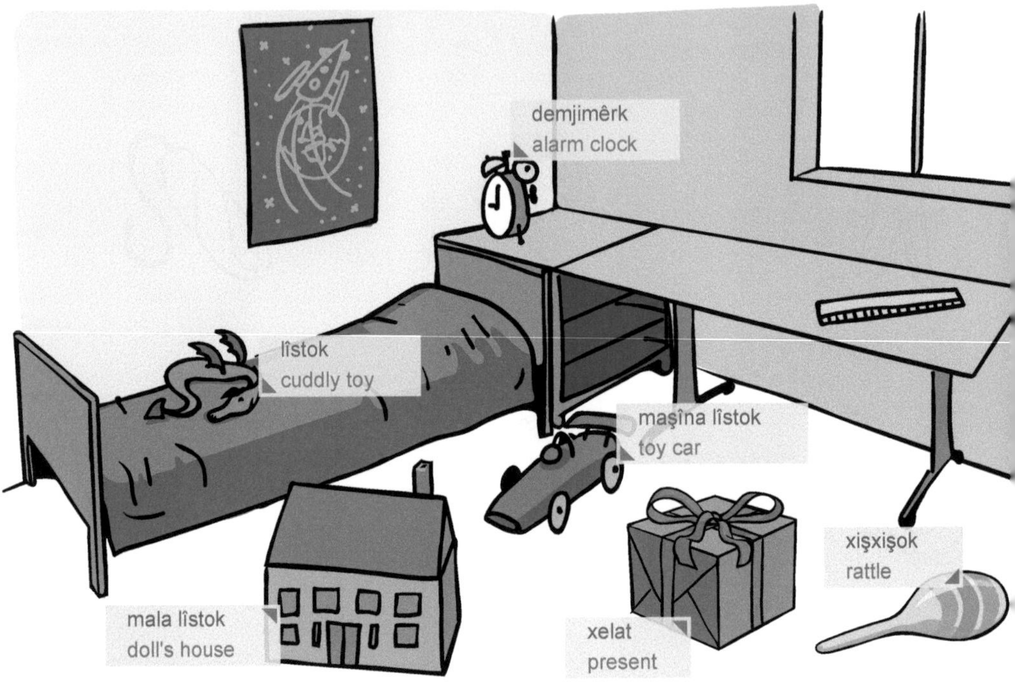
demjimêrk
alarm clock
lîstok
cuddly toy
maşîna lîstok
toy car
xişxişok
rattle
mala lîstok
doll's house
xelat
present

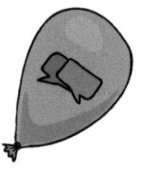

pifdank

balloon

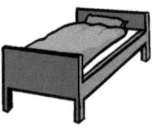

nivîn

bed

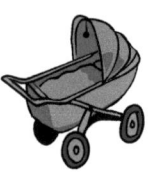

koçk

stroller

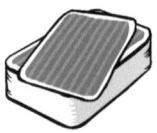

lîstika kartê

deck of cards

frîzbî

jigsaw

SUPER
MEGA

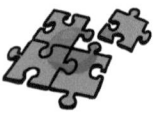

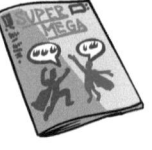

komîk

comic

acûra lêgo

lego bricks

acûra lîstok

toy blocks

bûke şûşe

action figure

kinca bebikan

romper suit

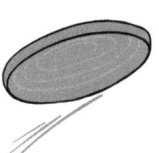

frizbee

frisbee

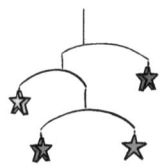

veguhestin

mobile

lîstikên texte

board game

mor

dice

modêla trênê

model train set

memik

pacifier

cejn

party

kitêba wêne

picture book

top

ball

bûke şûşe

doll

leyîstin

play

kuna xîzê

sandpit

colane

swing

lîstokan

toys

lîstika vîdeoyî

video game console

sêçerxe

tricycle

hirça lîstok

teddy bear

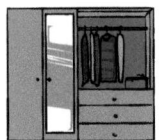

cildank

wardrobe

kinc

clothing

gore

socks

gore

stockings

derpêgorê

tights

şal
scarf

çetir
umbrella

kiras
t-shirt

qayiş
belt

şekal
boots

pêlavê nav malê
slippers

pêlav
sneakers

solik
sandals

sol
shoes

potîna çermê
rubber boots

pantolê jêr
underwear

pêsîrbend
bra

çekbend
undershirt

kinc - clothing 45

cendek

body

pantol

pants

jeans

jeans

daman

skirt

kiras

blouse

kiras

shirt

fanêle

pullover

fanêle

sweater

cakêt

blazer

sako

jacket

çaket

coat

baranî

raincoat

lebas

costume

fîstan

dress

cilê dawetê

wedding dress

kostum

suit

pêcame

nightgown

pêcame

pajamas

saree

sari

leçik

headscarf

mêzer

turban

hêram

burka

kaftan

kaftan

eba

abaya

kinca ajnêkirin

swimsuit

cilka melevanî

trunks

şort

shorts

cila hêvojkarî

tracksuit

pêşmal

apron

lepik

gloves

dûgme

button

berçavik

glasses

bazin

bracelet

gerdenî

necklace

gustîl

ring

guhark

earring

devik

cap

hilavistek

coat hanger

kûm

hat

kirawat

tie

zîp

zip

serparêz

helmet

derzî

braces

kinca dibistanê

school uniform

yûnîform

uniform

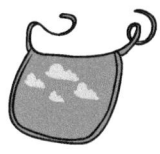

berdilk

bib

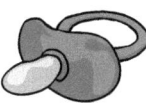

memik

pacifier

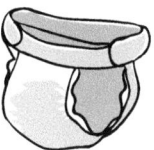

pundax

diaper

ofîs

office

pêşkeşker
server
dolabê belge
filing cabinet
kaxez
paper
çaper
printer
nîşander
monitor
mase
desk
mişk
mouse
defter
folder
klavye
keyboard
sepeta kaxezê
waste-paper basket
komputer
computer
kursî
chair

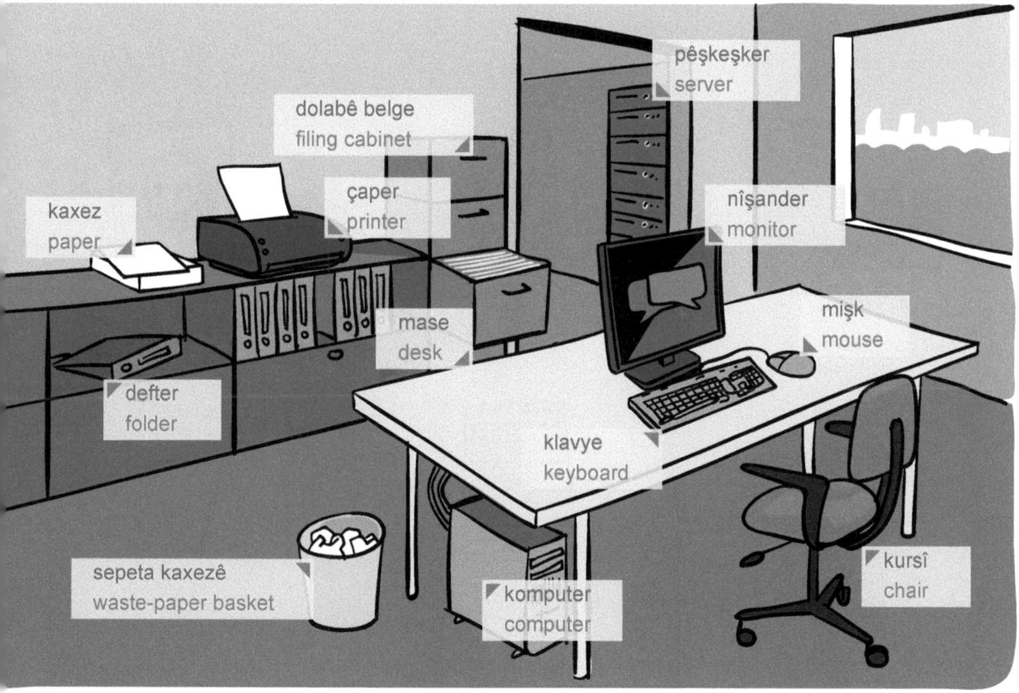

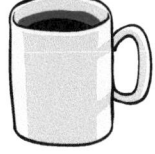

kasika qehwe

coffee mug

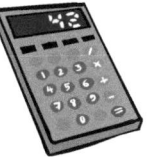

hesabker

calculator

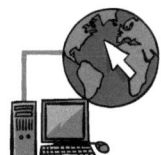

înternet

internet

komputera laptop

laptop

name

letter

peyam

message

telefona mobîl

cell phone

tor

network

mekîna fotokopî

photocopier

software

software

telefon

telephone

socketa fîşek

plug socket

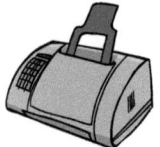

mekîna faxê

fax machine

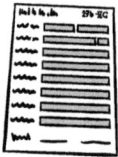

form

form

belge

document

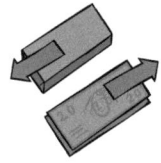

standin

buy

pere dan

pay

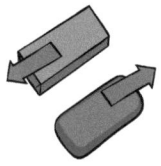

bazirganî

trade

pere

money

dollar

dollar

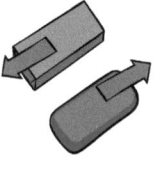

yoro

euro

yenê Japonê

yen

roblê Rûsî

rouble

firankê Swîsê

Swiss franc

yuanê Çînê

renminbi yuan

rûpee Hindî

rupee

mekîna jixwebera dirav

cash point

ofîsa pere veguhartinê

currency exchange office

zêrr

gold

zîv

silver

neft

oil

wize

energy

biha

price

peyman

contract

tax

tax

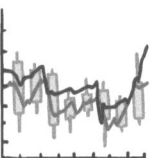

seham

stock

karkirin

work

karker

employee

karda

employer

fabrîka

factory

dikan

shop

profesyon
occupations

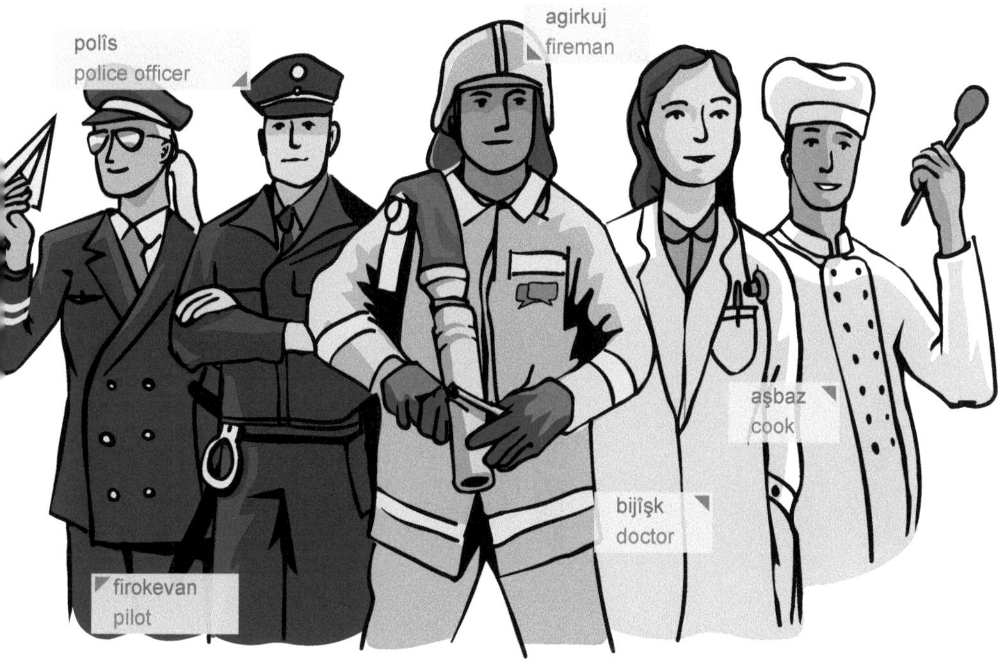
polîs
police officer
agirkuj
fireman
aşbaz
cook
bijîşk
doctor
firokevan
pilot

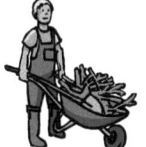

baxçevan

gardener

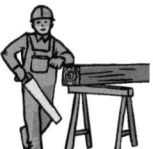

necar

carpenter

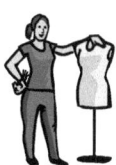

dirûnvan

seamstress

hakim

judge

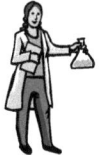

şîmyazan

chemist

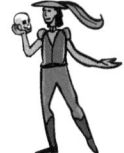

şanoger

actor

şufêrê basê

bus driver

şufêrekî taksiyê

taxi driver

masîvan

fisherman

pagijker

cleaning lady

çêkirê banî

roofer

berkar

waiter

nêçirvan

hunter

rengrês

painter

nanpêj

baker

karebavan

electrician

avaker

builder

endezyar

engineer

qesab

butcher

lûlekar

plumber

postevan

postman

esker

soldier

mîmar

architect

diravgir

cashier

firotkara çîçekan

florist

porçêker

hairdresser

ajovan

conductor

mekanîk

mechanic

keştîvan

captain

pizîşka didanan

dentist

zanistyar

scientist

rûhan

rabbi

îmam

imam

keşe

monk

keşîş

pastor

amûran

tools

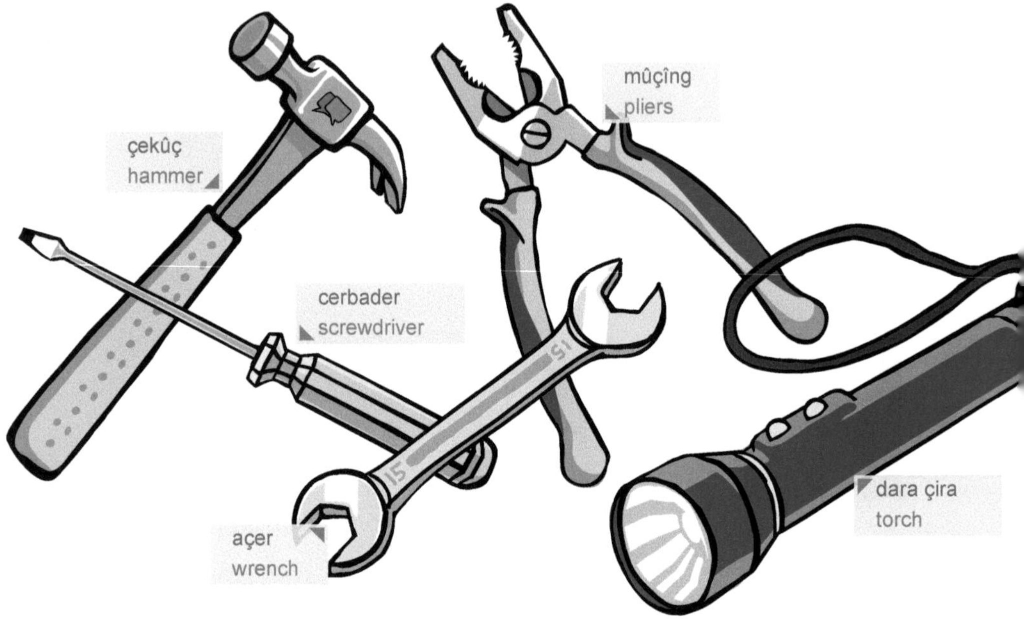

çekûç
hammer
mûçîng
pliers
cerbader
screwdriver
açer
wrench
dara çira
torch

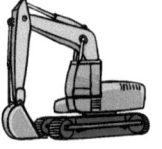

şofel

excavator

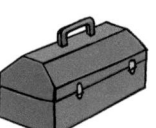

qûtiya amûran

toolbox

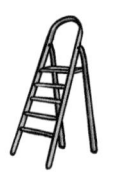

peyje

ladder

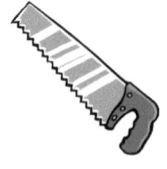

mişar

saw

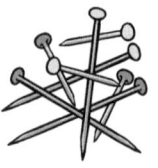

mîx

nails

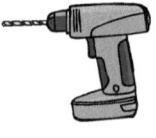

qulkirin

drill

çêkirin
repair

merbêr
shovel

nalet!
Damn!

bêl
dustpan

qûtiya rengê
paint can

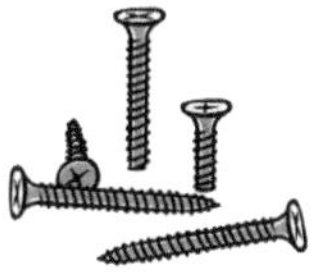

cerr
screws

amûrên mûzîkê
musical instruments

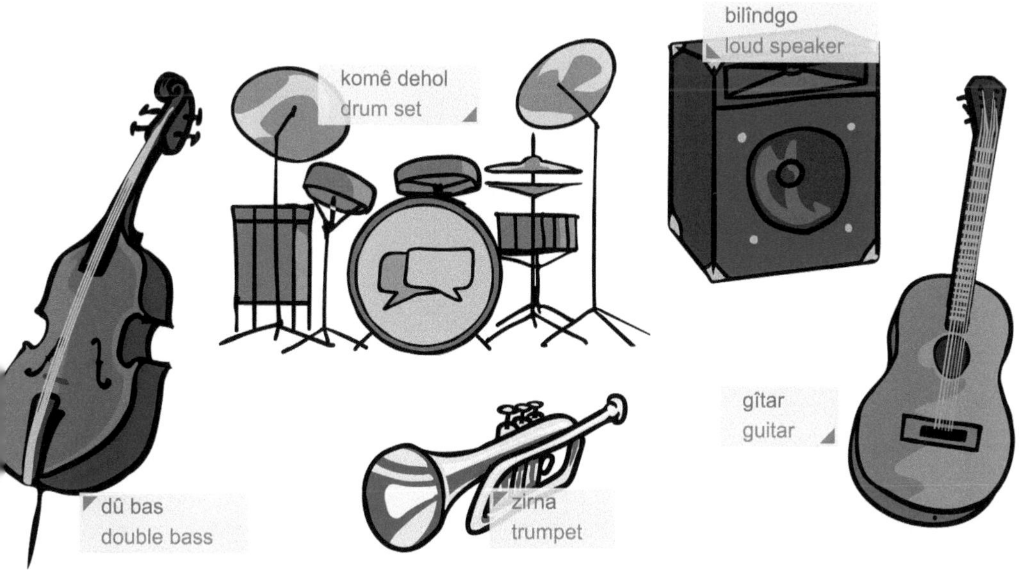

komê dehol
drum set

bilîndgo
loud speaker

gîtar
guitar

dû bas
double bass

zirna
trumpet

piyano

piano

viyolîn

violin

bas

bass

dehol

timpani

dahol

drums

keyboard

keyboard

saksofon

saxophone

bilûr

flute

mîkrofon

microphone

baxça heywanan

zoo

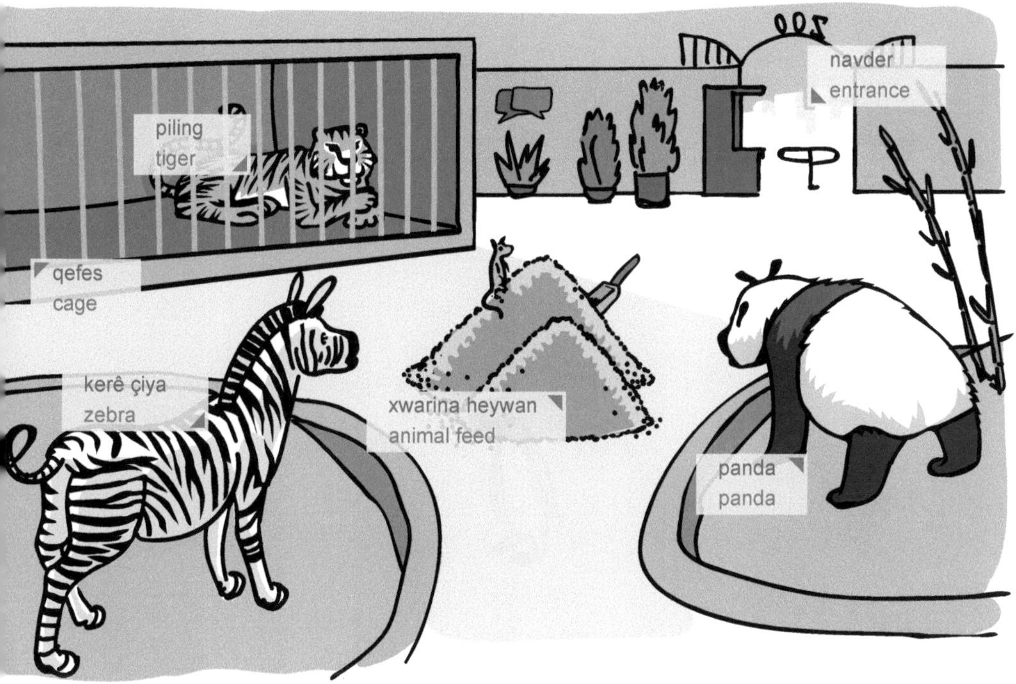

navder
entrance
piling
tiger
qefes
cage
kerê çiya
zebra
xwarina heywan
animal feed
panda
panda

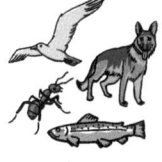

heywan

animals

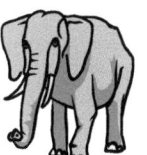

fîl

elephant

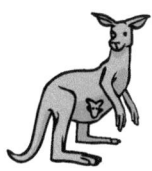

kangarû

kangaroo

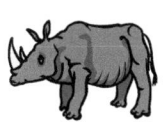

kerkeden

rhino

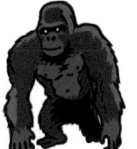

gorîl

gorilla

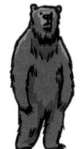

hirç

bear

hêştir

camel

hêştirme

ostrich

şêr

lion

meymûn

monkey

flamîngo

flamingo

papaxan

parrot

hirça cemserî

polar bear

penguîn

penguin

semasî

shark

tawûs

peacock

mar

snake

timsah

crocodile

parêzera baxça ajalan

zookeeper

seya derya

seal

piling

jaguar

hesp

pony

piling

leopard

hespê rûbar

hippo

canhêştir

giraffe

helo

eagle

berazê kovî

boar

masî

fish

kûsî

turtle

walras

walrus

rovî

fox

xezal

gazelle

fûtbolê Amerîka
American football

bisiklêtan
cycling

tenîs
tennis

baskêtbol
basketball

avjenîkirin
swimming

boxing
boxing

hokeya ser cemedê
ice hockey

fûtbol
....
soccer

badminton
....
badminton

yê atletîzmê
....
athletics

hendbol
....
handball

befirajotin
....
skiing

polo
....
polo

çalakiyan
activities

kenîn
laugh
hilpeke
jump
hembêz
hug
birêveçûn
walk
lawje gutin
sing
xewn dîtin
dream
nimêj kirin
pray
maçkirin
kiss

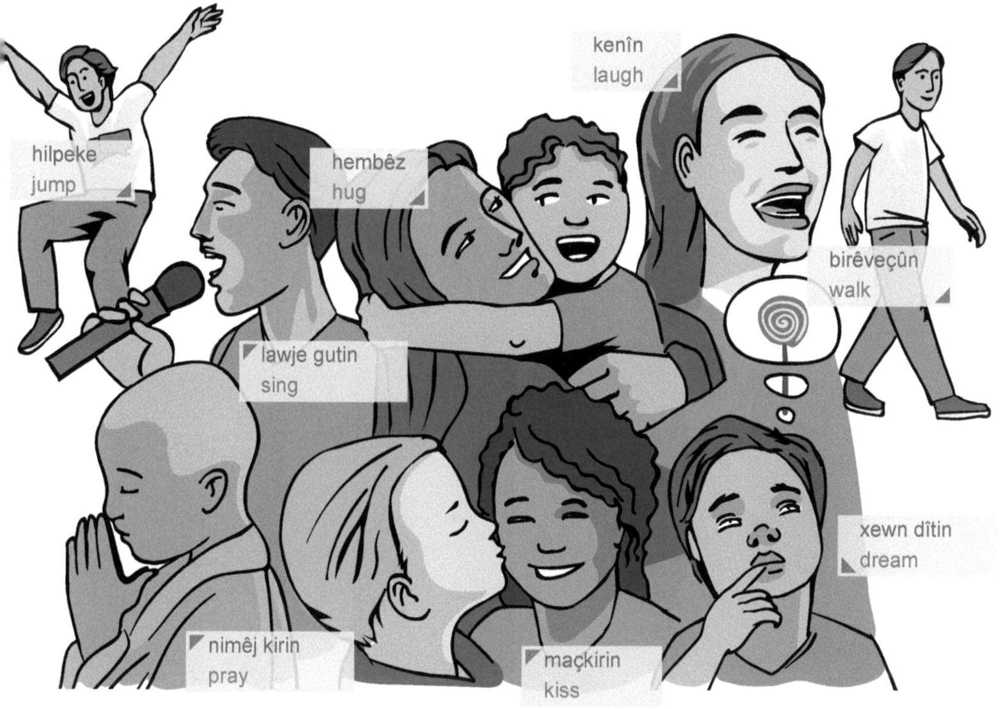

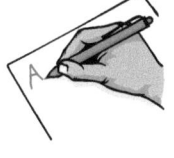

nivîsandin
write

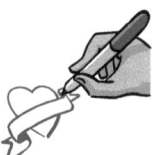

nîgar kêşan
draw

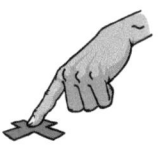

nîşan dan
show

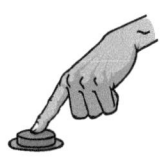

paldan
push

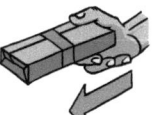

dayîn
give

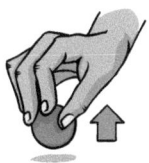

rakirin
take

heyîn

have

kirin

do

bûn

be

sekinîn

stand

bazdan

run

kişandin

pull

avêtin

throw

ketin

fall

derew kirin

lie

sekinîn

wait

guhêztin

carry

rûniştin

sit

cil berkirin

get dressed

razan

sleep

rabûn

wake up

mêze kirin

look at

girîn

cry

celte

stroke

şe kirin

comb

peyvîn

talk

famkirin

understand

pirskirin

ask

bihîstin

listen

vexwarin

drink

xwarin

eat

kom kirin

tidy up

hezkirin

love

xwarin çêkirin

cook

ajotin

drive

firrîn

fly

kesştîvanî

sail

hesibandin

calculate

xwandin

read

hînbûn

learn

karkirin

work

zewicîn

marry

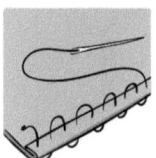

dirûtin

sew

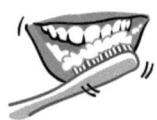

didan şûtin

brush teeth

kuştin

kill

dûxan

smoke

şandin

send

malbat

family

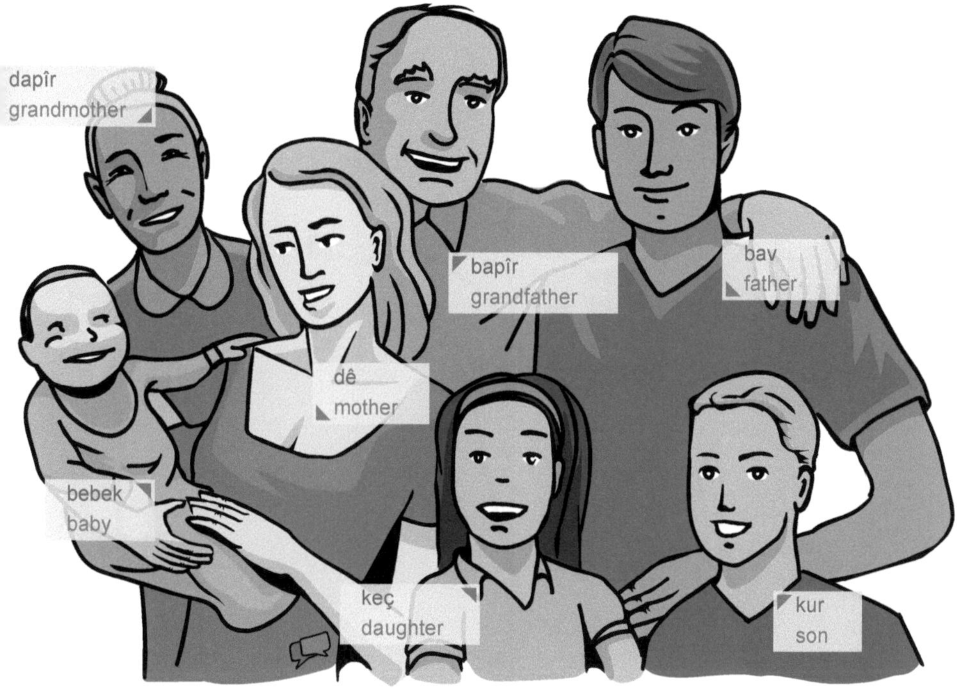
dapîr
grandmother
bapîr
grandfather
bav
father
dê
mother
bebek
baby
keç
daughter
kur
son

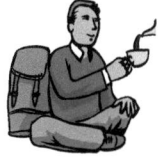

mêvan

guest

met

aunt

ap/xal

uncle

bira

brother

xwişk

sister

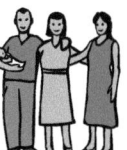

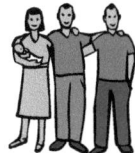

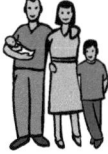

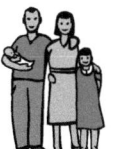

beden

body

enî
forehead
çav
eye
mil
shoulder
tilî
finger
rû
face
zenî
chin
dest
hand
ling
leg
sîng
breast
pîl
arm

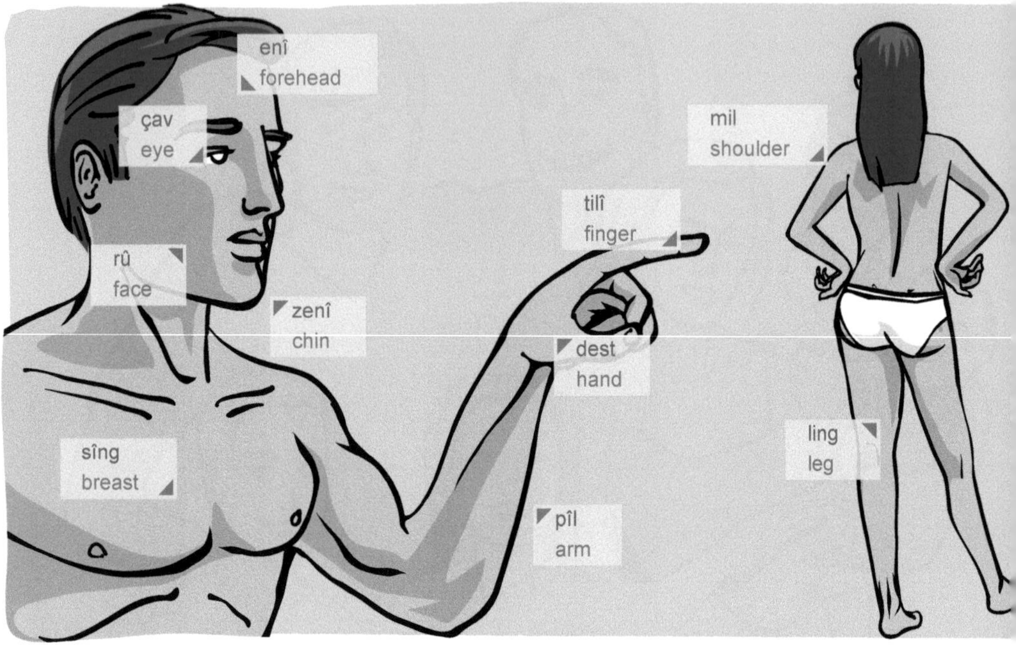

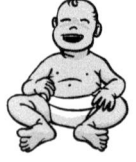

bebek

baby

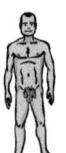

mêr

man

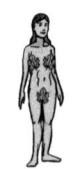

jin

woman

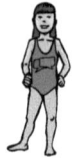

keç

girl

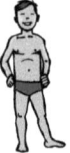

kor

boy

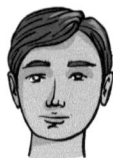

ser

head

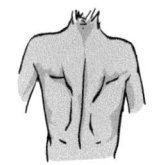

pişt

back

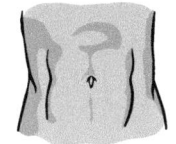

zik

belly

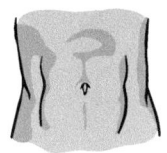

navik

navel

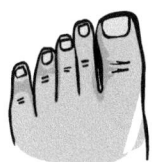

tilîya pê

toe

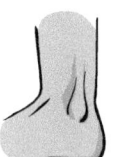

panî

heel

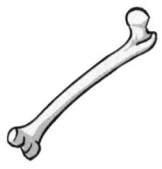

hestî

bone

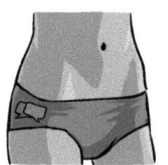

kûlîmek

hip

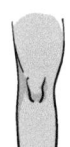

jûnî

knee

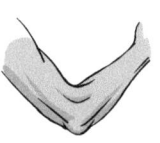

enîşk

elbow

difn

nose

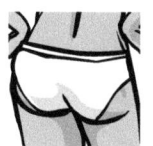

qûn

buttocks

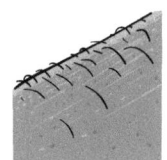

çerm

skin

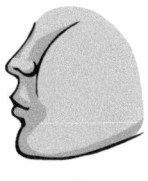

rû

cheek

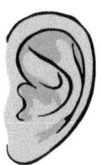

gûh

ear

lêv

lip

beden - body

dev

mouth

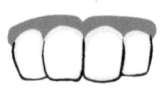

diran

tooth

ziman

tongue

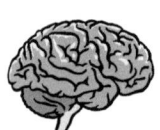

mêjî

brain

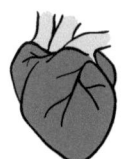

dil

heart

masûl

muscle

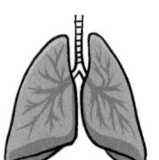

cîgera spî

lung

ceger

liver

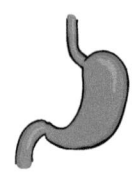

made

stomach

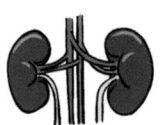

gûrçikan

kidneys

cotbûn

sex

kondom

condom

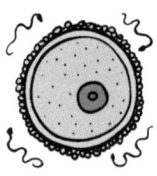

hêk

ovum

tov

semen

dûcanî

pregnancy

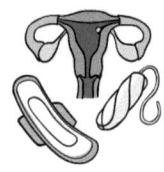

ade
menstruation

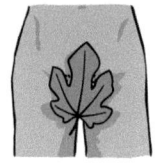

qûz
vagina

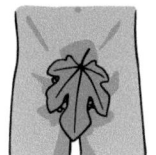

kîr
penis

birû
eyebrow

por
hair

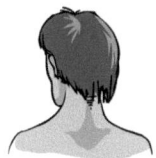

hûstû
neck

nexweşxane
hospital

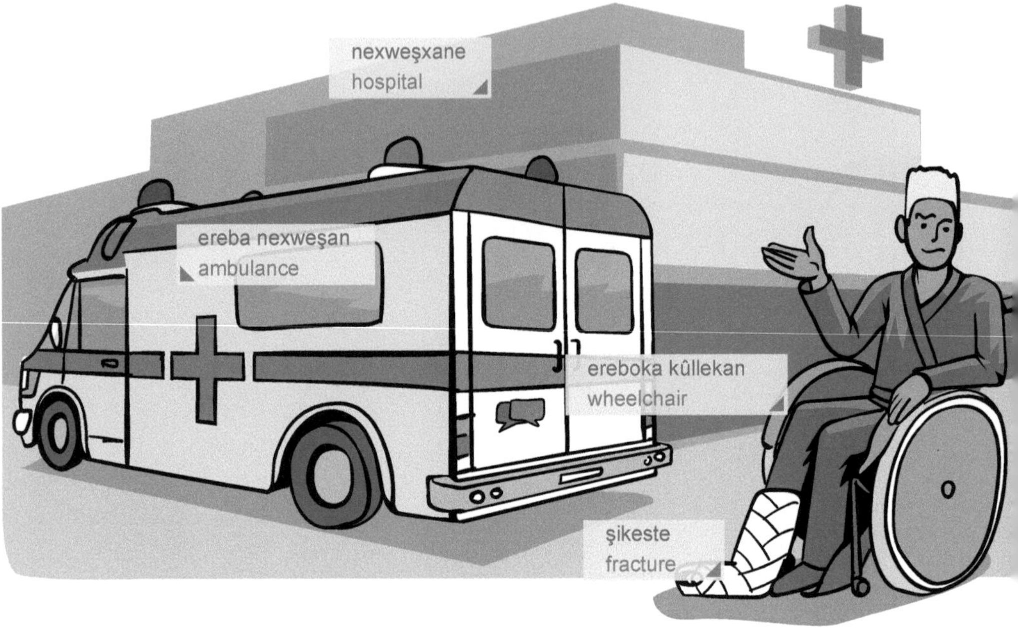

nexweşxane
hospital
ereba nexweşan
ambulance
ereboka kûllekan
wheelchair
şikeste
fracture

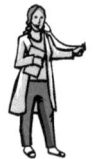

bijîşk
doctor

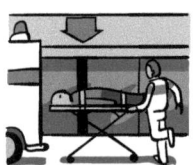

oda lezgînê
emergency room

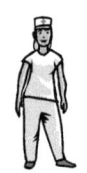

nexweşyar
nurse

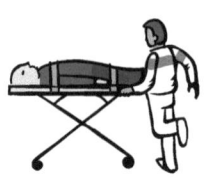

acîlîyet
emergency

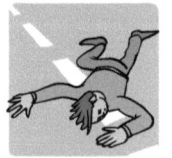

bêhay
unconscious

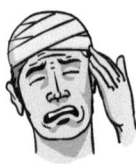

êş
pain

birîn

injury

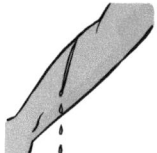

xwînpijan

bleeding

hêrişa dilî

heart attack

celte

stroke

alerjî

allergy

kuxik

cough

ta

fever

zikam

flu

navçûyin

diarrhea

serêş

headache

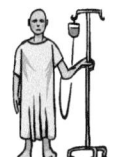

qansêr

cancer

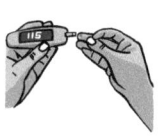

nexweşiya şekirê

diabetes

emelîkar

surgeon

skalpêl

scalpel

emelî

operation

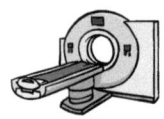

CT

CT

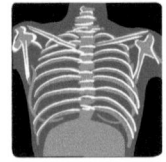

sûretê rontgên

x-ray

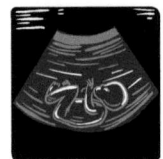

ûltrasawnd

ultrasound

maskê rûyê

face mask

nexweşî

disease

oda sekinînê

waiting room

goçan

crutch

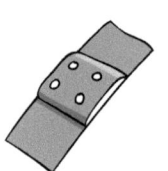

şêl

plaster

paçê birînpêçanê

bandage

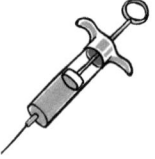

derzî

injection

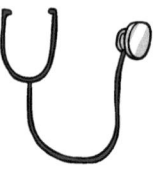

bîstoka pizîşkî

stethoscope

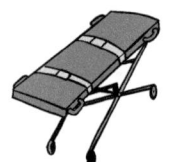

darbest

stretcher

têhnpîva klînîkê

clinical thermometer

zayîn

birth

qelew

overweight

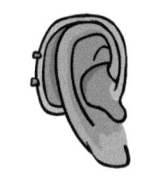

alîkariya bihîstinê

hearing aid

bakterîkuj

disinfectant

kotîbûn

infection

vîrûs

virus

HIV / AIDS

HIV / AIDS

derman

medicine

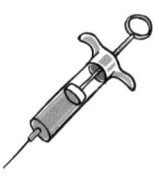

kutan

vaccination

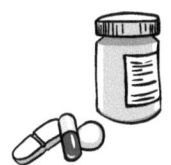

heban

tablets

heb

pill

lezgîn

emergency call

dîmenderê pesto xwîn

blood pressure monitor

nexweş / sax

ill / healthy

Hewar!	alarm	êrîş
Help!	alarm	assault

êrîşkirin	talûk	derketina acil
attack	danger	emergency exit

agir!	agir vemirandinê	qeza
Fire!	fire extinguisher	accident

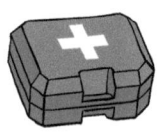  

aletên alîkariya yekem	SOS	polîs
first-aid kit	SOS	police

Ewropa

Europe

Amerîkaya Bakûr

North America

Amerîkaya Başûr

South America

Afrîka

Africa

Asya

Asia

Awustralya

Australia

Atlantîk

Atlantic

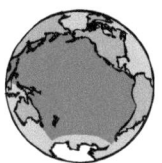

Okyanûsa Mezin

Pacific

Okyanûsa Hindî

Indian Ocean

Okyanûsa Antarktîka

Antarctic Ocean

Okyanûsa Arktîk

Arctic Ocean

Cemsera Bakûr

North pole

Cemsera Başûr
South pole

Antarktîka
Antarctica

erd
earth

ax
land

behir
sea

dûrge
island

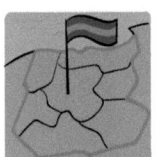

milllet
nation

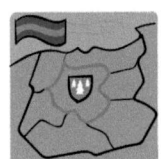

welat
state

rûyê saet

clock face

nişanderka demjimêr

hour hand

nişanderka deqe

minute hand

nişanderka saniye

second hand

Seet çende?

What time is it?

roj

day

dem

time

niha

now

saetê dicîtal

digital watch

deqe

minute

seet

hour

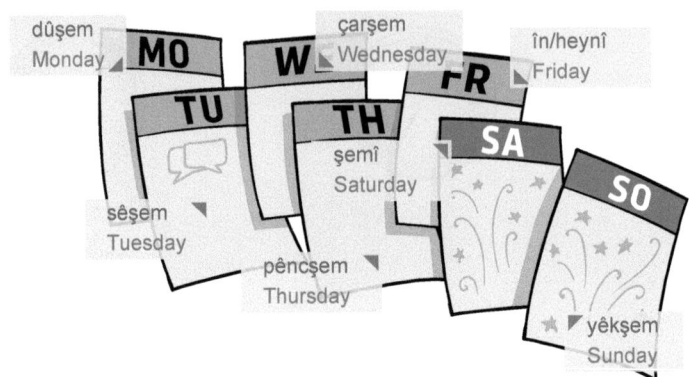

dûşem — Monday
çarşem — Wednesday
în/heynî — Friday
sêşem — Tuesday
şemî — Saturday
pêncşem — Thursday
yêkşem — Sunday

duh
yesterday

îro
today

sibey
tomorrow

sibe
morning

nîvro
noon

êvar
evening

rojên karê
workdays

dawiya hefte
weekend

sal

year

baran
rain
keskesor
rainbow
befir
snow
ba
wind
bihar
spring
payîz
fall
havîn
summer
zivistan
winter

4.APRIL 11°
5.APRIL 4°
6.APRIL 13°
7.APRIL 8°
8.APRIL 10°

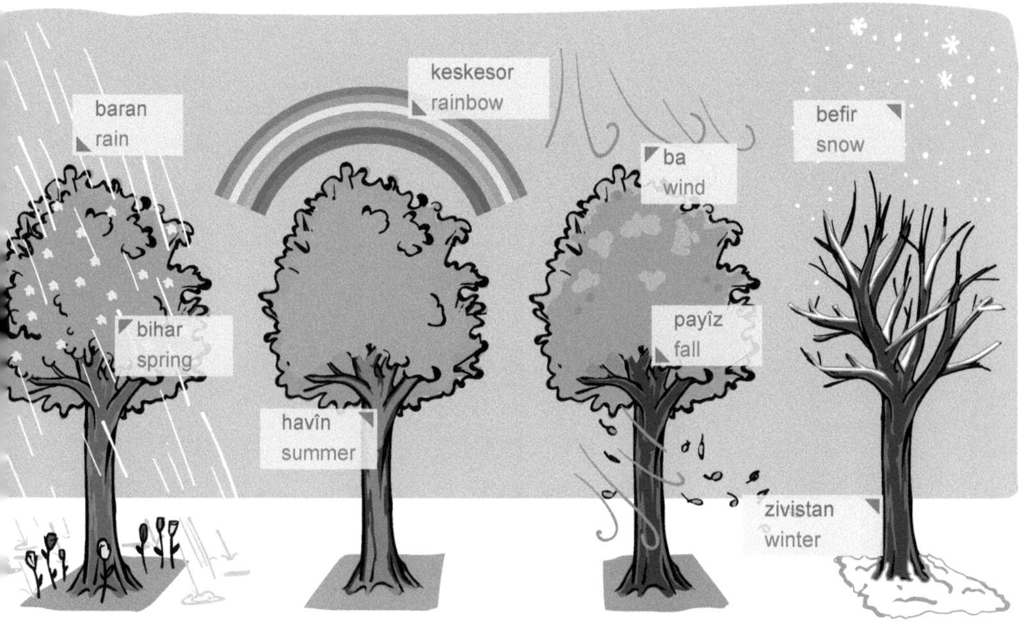

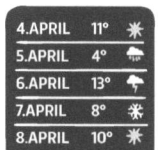

pêşbîniya hewa
weather forecast

F
C
120
90
60
30
0
-30
40
30
20
10
0
-10
-20

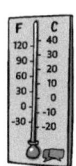

tehnpîv
thermometer

tav
sunshine

hewr
cloud

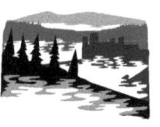

mij
fog

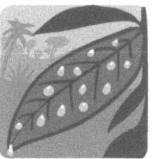

hêmî
humidity

birq

lightning

brûsk

thunder

tofan

storm

terg

hail

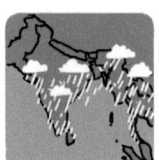

mansûn

monsoon

lehî

flood

cemed

ice

rêbendan

January

reşeme

February

newroz

March

gulan

April

cozerdan

May

pûşper

June

gelawêj

July

xermanan

August

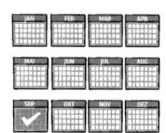

rezber
....
September

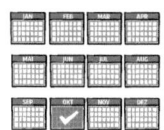

kewçêr
....
October

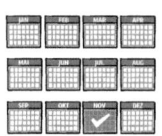

sermawez
....
November

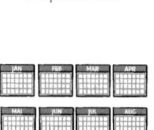

befranbar
....
December

çember
....
circle

çarçik
....
square

çarqozî
....
rectangle

sêqozî
....
triangle

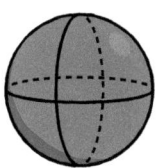

qada
....
sphere

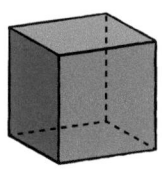

xiştek
....
cube

sipî

white

zer

yellow

pirteqalî

orange

pembe

pink

sor

red

mor

purple

şîn

blue

kesik

green

qehweyî

brown

gewr

gray

reş

black

zor / kêm

a lot / a little

bi hêrs / bêdeng

angry / calm

bedew / nerind

beautiful / ugly

destpêk / dawî

beginning / end

mezin / biçûk

big / small

ronî / tarî

bright / dark

brak / xwişk

brother / sister

pagij / girêj

clean / dirty

tevî / netemam

complete / incomplete

roj / şev

day / night

mirî / zindî

dead / alive

fire / teng

wide / narrow

xweş / nexweş

edible / inedible

nebaş / baş

evil / kind

bi heyecan / aciz

excited / bored

qelew / zirav

fat / thin

yekemîn / dawîn

first / last

heval / dijmin

friend / enemy

tijî / vala

full / empty

req / nerm

hard / soft

giran / sivik

heavy / light

birçî / tînî

hunger / thirst

nexweş / sax

ill / healthy

neqanûnî / qanûnî

illegal / legal

rewşenbîr / balûle

intelligent / stupid

çep / rast

left / right

nêzî / dûr

near / far

nû / bikarhatî

new / used

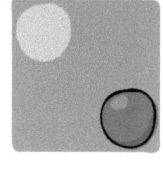

hîç / tiştek

nothing / something

kal / ciwan

old / young

li / ji

on / off

vekirî / girtî

open / closed

aram / dengbilind

quiet / loud

dewlemend / reben

rich / poor

rast / şaş

right / wrong

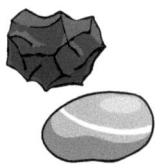

dirr / hilû

rough / smooth

xemgîn / şa

sad / happy

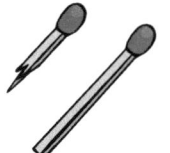

kurt / dirêj

short / long

hêdî / zû

slow / fast

şil / ziwa

wet / dry

germ / hênik

warm / cool

şerr / aşitî

war / peace

hejmaran
numbers

0	**1**	**2**
sifir	yek	dû
zero	one	two
3	**4**	**5**
sê	çar	pênc
three	four	five
6	**7**	**8**
şeş	heft	heşt
six	seven	eight
9	**10**	**11**
neh	deh	yazde
nine	ten	eleven

12	**13**	**14**
dazde	sêzde	çarde
twelve	thirteen	fourteen

15	**16**	**17**
pazde	şazde	hefde
fifteen	sixteen	seventeen

18	**19**	**20**
hejde	nozdeh	bîst
eighteen	nineteen	twenty

100	**1.000**	**1.000.000**
sed	hezar	milyon
hundred	thousand	million

Inglîzî

English

Inglîziya Amerîkî

American English

Çînî Mandarîn

Chinese Mandarin

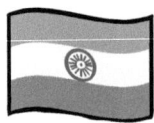

Hindî

Hindi

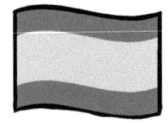

Îspanyolî

Spanish

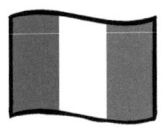

Frensî

French

Erebî

Arabic

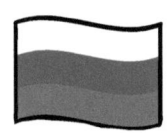

Rûsî

Russian

Portugalî

Portuguese

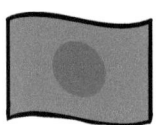

Bengalî

Bengali

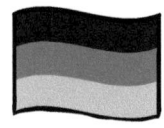

Elmanî

German

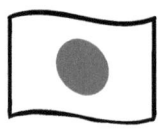

Japonî

Japanese

min

I

tu

you

ew / ev / ew

he / she / it

em

we

tu

you

ew

they

kî?

who?

çi?

what?

çawa?

how?

kû?

where?

kengî?

when?

nav

name

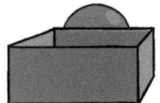

piştî

behind

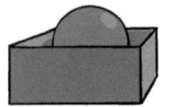

li

in

pêşî

in front of

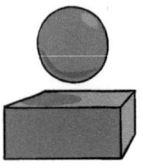

ser

over

ser

on

bin

under

kêlek

beside

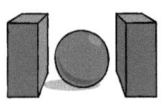

navber

between

cih

place